ARNE NORLIN   JONAS BURMAN

Här kommer BRANDBILEN

rabén&sjögren

Halvan älskar att leka med sina bilar. Nu kör han med sin brandbil.

Brandbilen är en röd Scania med två rader säten längst fram och massor med luckor där bak. I luckorna finns bilder på allt en brandman kan behöva: slangar, hinkar, yxor, sågar och handbrandsläckare.

Nu är han själv brandman. H. Eriksson står det på namnskylten utanpå hans tjocka brandmansrock.

Han har ett nummer också: 74.

Numret står både på framsidan och på baksidan av hans rock och byxor, precis som om han vore en fotbollsspelare eller ishockeyspelare. Det är för att hans kamrater snabbt ska känna igen honom om det är mörkt eller rökigt.

Brandmän måste träna varje dag. Halvan och de andra brandmännen spelade fotboll när larmet gick.

Larmet är en gäll pipsignal – dii-duu – och samtidigt säger kamraten på larmcentralen adressen flera gånger i högtalarna: Brand på förskolan Kompassen, Storkärrsvägen 43.
Det är ju min förskola, tänker Halvan.

Hela larmstyrkan rusar till omklädningsrummet. Halvan tar på sig en träningsjacka utanpå tröjan och ett par tjocka långkalsonger, trots att det är mitt i sommaren. Sedan hoppar han i hängselbyxorna, drar på sig rocken

och läderstövlarna och tar på sig hjälmhuvan och hjälmen. Allra sist bältet med yxa, kniv, handskar och en grov kedja, som han kan sätta fast sig med om han måste klättra högt. På en-och-en-halv minut ska brandmännen vara klara och sitta färdigklädda i bilen.

Just nu sitter rökdykare Halvan i det bakre sätet på släckbilen tillsammans med Lasse, som också är rökdykare, och Per, som är rökdykarledare. I framsätet sitter Olle som kör och brandmästare Anders.

Alldeles efter dem följer stegbilen med två brandmän till. På stegbilen finns en ihopfällbar stege med en korg, som de kan hissa upp till 30 meters höjd.
Stegbilen måste alltid följa med, eftersom de aldrig vet om de måste klättra upp på ett tak eller ta ner någon genom ett fönster.

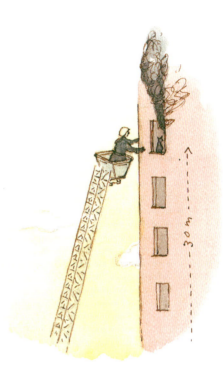

På väg till förskolan spänner Halvan, Lasse och Per på sig sina rökdykaraggregat, som är placerade precis bakom dem i bilen.

De tar på sig maskerna och öppnar reglagen på lufttuberna.

Brandmästaren Anders springer snabbt in på förskolans gård för att höra vad som har hänt.

Han får veta att branden började i köket.
Ute på gården står det massor med folk, både från förskolan och från ett fritids i närheten.
Anders säger åt alla att backa och frågar efter föreståndaren.
Hon berättar att hon har räknat barn och personal och sett att alla är i säkerhet.

Under tiden har Olle kopplat ihop kyrkan – grenröret – med två 25 meter långa manöverslangar, en till Halvan och en till Lasse. I första hand använder de vatten från tanken inne i brandbilen. Olle hjälper också Halvan och Lasse med att sätta fast munstycken längst fram på slangarna.

Halvan och Lasse går in för att släcka branden i köket. Redan i hallen möts de av den svarta röken. De ser inte ens varandra, trots att de går tätt ihop. Men nere vid golvet är det bättre sikt. Halvan och Lasse kryper med ena handen på väggen i riktning mot köket.

Köket ligger till vänster i korridoren. Där inne är röken ännu tjockare. Halvan och Lasse står stilla ett ögonblick för att höra efter var det brinner. Lasse pekar. Ljudet hörs någonstans vid spisen.
Rökdykarna har mikrofoner och högtalare inne i maskerna.

Nu säger Halvan till Lasse att det antagligen räcker om bara en av dem sprutar. Det hör också rökdykarledaren Per, som stannat vid ytterdörren.

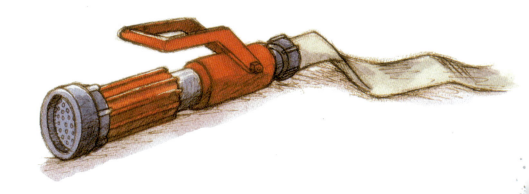

Halvan använder dimstrålemunstycket, som fördelar vattnet till en fin dimma. Det är för att inte vattnet ska förstöra så mycket. Han siktar mot taket. Om det är så varmt att vattnet blir till ånga måste de spruta ännu mer.

Men det är ingen stor eld, trots att det ryker mycket, redan efter några minuter har Halvan och Lasse släckt branden. De öppnar kökets fönster för att vädra ut röken.

Ute på gården står en liten flicka och gråter.
– Ylva har glömt sin nalle därinne. Nu är hon rädd att den ska brinna upp, säger en förskollärare.

– Jag hämtar den såklart, säger Halvan.
Han tar på sig rökdykarmasken igen. Nu har en hel del av röken försvunnit och han kan gå upprätt genom korridoren, bort till Ylvas avdelning. Han hittar nallen på hyllan, precis där hon sa att den skulle ligga.

Nu kan stegbilen åka tillbaka till brandstationen. Men gänget i släckbilen stannar kvar vid förskolan tills de är säkra på att branden inte spridit sig upp i ventilationssystemet.

När röken har vädrats ut kan brandmännen se att branden började någonstans bakom spisen. Det är sotigt och luktar väldigt illa inne på förskolan. Köket måste repareras och hela huset måste vädras, tvättas och kanske målas innan det kan användas som förskola igen.

Men resten av dagen kan barnen och personalen få vara på fritids mitt emot. Efter mellis låter förskollärarna barnen rita var sin teckning, som brandmännen ska få som tack för att de släckte branden i deras kök.

När de har kommit tillbaka till brandstationen igen måste Halvan, Lasse och Per rengöra sina rökdykaraggregat och fylla på ny luft i dem. Alla slangar måste tvättas och rullas ihop. Allt måste vara i perfekt ordning tills de ska ut på nästa uppdrag.

Att vara rökdykare är ett tungt och svettigt jobb.
Innan Halvan slutar för dagen måste han tvätta sig.
– Kom och bada nu, ropar pappa.
– Jag kommer, svarar Halvan.
Men först backar han in brandbilen mellan polisbilen och ambulansen.